만인시인선 · 17

너를 숨쉰다

박진형 시집

너를 숨쉰다

만인사

자 서

미국 캘리포니아주 화이트산에 '므두셀라노인'이라고 부르는 한 소나무가 있다. 해발 3천미터 고산에서 무려 4천6백살이나 버팅기며 살고 있다. 한자리에 앉아서 뭉기적 뭉기적 시간을 죽이며 한 나라의 장구한 역사를 몸에 새겨두다니 장엄, 장엄할 뿐이다.

인간은 한자리에 잠시도 머물지 못한다. 한 곳에 뿌리박지 못하고 촐싹대며 끊임없이 떠돌아다니는 떠돌이별의 비애라니. 그 비애를 위무받기 위해서 인간의 눈은 밖으로만 향해 있다. 존재의 방식이다.

여기 실린 시들도 결국 밖으로 떠돈 흔적에 다름아닐 터. 그러나 이 지리멸렬의 生을 껴안고 있는 것은 사랑이다. 한 천년 죽어 살아도 남아 있을 사랑이 시를 껴안고 있구나. 몸의 절정에서 꽃피는 너라는 詩神의 강림을 기다린다.

차 례

2

3

차 례

5

1

어떤 꽃나무

꽃 피지 않으려고 열심인 꽃나무가 있소 화분에 꽉 낀 몸 다 문드러지도록 한 백 년쯤 버팅기는 막무가내의 사랑도 있소 섬광처럼 스쳐 지나간 한 말씀 하늘쪽으로 밀쳐둔 雪盲의 꽃나무 나도 그런 꽃나무를 조금은 알 것 같소

시인은 세상에 귀를 빌려주지 않는다

그는 풀밭에 앉아 있다
넥타이 풀고 두 손으로 꽉
귀 틀어막고 고개 숙인 채
눈 감고 있는

막무가내로 그가 잠근 것은
하늘이불 덮은 비애의 저수지인가
어정쩡 무릎 세운 양반다리 사이
낡은 바지단과 줄무늬 양말의 경계를
여윈 살이 다시 허물고

풀밭과 무릎 사이
불룩 솟아오른 망사버섯 터져
언어의 胞子가 흩날린다

세상에 귀 빌려주지 않는
그는 누구였던가

夢舞

간밤 꿈 속에서 시인 김춘수가 때때몸을 하고 어린 광대들 앞에서 초랭이춤 추어 보이고 있다 머리에 질끈 수건 동이고 춤은 이렇게 이렇게 추는 거라고 한 쪽 다리 삐딱하게 들었다 내려놓으며 연속 동작으로 보여주곤 한다 한 열흘쯤 기른 수염 단 초랭이 얼굴을 하고

艾字에 대하여
—뿔 1

艾年이란 글자는 눈물겹다

이초* 시집 교정을 보다가
애자를 처음 알았다. 애년이 쉰이란 걸
숨가빼 고개까지 오르면서도 몰랐다니!

초두 변 아래
쑥대머리 아비의 감발에는
진창길이 널려 있다

진창 뚫고 뾰족뾰족 새로 돋는
약쑥의 희여멀건 눈물의
뿔, 뿔이 돋는

---

*耳艸는 박기섭 시인의 호

角北 너머
—뿔 2

뿔의 북쪽에는 초승달 걸려 있다

헐티재 너머 용천사 지나
속 텅 빈 왕버드나무 곁
청도추어탕집 건너
솔안마을로 거처 끌고간 옹기집

청태 낀 돌확에 몸 담근
청개구리 눈 속에도
슬그머니 초승달 잠긴다

이초의 눈에 이슬 고여 핀다

새로 캐어다 심은 잔대꽃 위에도

산벚나무 온몸으로 호들갑 떠는 봄날에 이종문의 시를 심각하게 읽다가

봄날도 환한 봄날 교정을 보다가
개구리 똥구녕에 보릿짚 꽂고 후— 부는
구절에 딱 걸려서 크하하하
바람 빠진 풍선되어 날아가다가
산수유나무 가쟁이에 그만 걸려서
까르르 까르르 웃음법석 터뜨리다
박태기나무에게로 옮겨 붙는다
짓물러터진 뾰루지 툭,툭,툭, 건드리며
이 산 저 산 날아다니며 불싸지른다
낙산사 범종 녹아내리는 한낮에
아 결국 내가 내 궁둥이에 내 손으로 보릿짚 꽂고 내 입으로 후— 불었군*
하르르 하르르 배꽃 떨어진 자리
어, 내 배꼽 어디 갔지

---

* 이종문의 시집 『봄날도 환한 봄날』에 실린 「그 바람」에서

본색에 관하여

막걸리 열두 말 공것으로 얻어 마신 운문사 소나무는 불콰해져 아래로 아래로만 마음 내려놓습니다 미리 온 시인 정진규가 말을 걸어도 묵언 수행 중입니다 영영 거들떠보지 않자 하늘 한자락 슬쩍 끌어다 소나무 발치까지 얹어두었다고, 폭설 내려도 썰렁썰렁 어깨 흔들어 눈발 다 털어낸다고 本色을 탄로냅니다 이 말씀 한 마디에 가을 하늘이 그만 토라져 삼천대천 속으로 올라 가 버렸습니다 回回青* 눈꼽재기만큼만 남겨두고 뒤도 돌아보지 않고 냉큼 가 버렸습니다

---

* 청화백자의 안료인 코발트

천사인 아내

1

팔십 평생
모국어로 퍼포먼스하던
大餘의 몸은
영혼의 깃털보다
가볍다

2

입추 무렵
시인은 무탈하게
저녁상 받아놓고는
거울 속의 천사가 그리워
어물쩍 생선 삼켜버렸다
곧잘 발라먹던 말의 가시가
氣道를 콱
막아 버렸다

천사인 아내가

처용아비 노릇 제발
그만하고 오라고,

감나무와 시인

—김형 어디 있노
—감나무 위에 있다
—뭐 하노
—감 딴다
—감 따서 뭐 하노
—먹는다
—먹어서 뭐 하노
—시 쓴다
—시 써서 뭐 하노
—그냥 쓴다
—언제 내려오노
—안 내려간다
—정말 안 내려오나
—그래 안 내려간다
—바둑 두고 싶으면 어쩔래
—바둑판 들고 위로 올라온나
—나무 베어버린다
—그래도 안 내려간다

수천의 알전구 켜둔 감나무
쓱싹쓱싹 베어 버리자
어디로 갔을까, 그는

제주시편

1. 서귀포에서

나이 쉰둘에
이중섭보다 조금 더 산 나이에
서귀포 앞바다 곁눈질한다
청람빛 하늘 머리에 인 후박나무가
철늦게 사랑해서 미안하다고
해종일 보채는 파도를 달랜다
말미잘도 해삼도 소라뿔고둥도
파랗게 물오른 햇미역도 뒤설레는
봄바다 위로 노랑나비떼
하롱하롱 날아가고

2. 適所의 밤

숭숭 구멍 뚫린 검은 돌 곁에
수선화의 봄은 시들하다
떨어져나간 살점 가장자리에
머리 박은 딱정벌레 꿈쩍 않는다
상처에도 노란 생살 돋아나는가

휑하니 뚫린 마음 구멍 땜질하는
小窓多明 * 흐린 글씨 너머로
적소의 밤은 깊다

어둑어둑 날 저물어
협재해수욕장 앞 비양도 본다
소주잔 속에 떠있는 비양도
비아냥거리는 밀물떼서리 달아나고
저문 제주바다 미친듯
하룻밤 살고싶다고
쓸쓸함에 기댄 秋史인 나여

3. 涯月 지나며
수천길 바다 벼랑 위에 저물도록
초승달 떠 있다

내 生에 걸린 당신처럼

4. 까마귀

들물오름 아래 빽빽히 늘어선 삼나무숲 속으로 까마귀떼 날아간다 햇살에 드문드문 드러나는 세상은 北村 너머에 있고 누가 소문없이 죽어갔나 어둔 하늘 몇 번 뒤적이다 돌팔매로 날아가는 까마귀 까욱까욱 울다가 삼나무숲으로 들어가 나오지 않는다

5. 西歸

가도가도
유채꽃 위에 뜬 노란 봄바다
햇고동 연한 속살로
바다 덧칠하던 이중섭도 가고
갈매기 몇 번 끼룩이다
모슬포쪽으로 날아간다
손가락 사이 슬몃 빠져나간 검은 모래
벌거벗은 아이 혼자 남겨두고
낮술에 불콰해진 게가 슬금슬금
그림 속으로 들어가고 간다

이제 돌아 갈 수 없으리
西歸로는

---

*제주시 남제주군 대정읍 추사적거지 기념관에는 복사본 글씨가 걸려 있다

김종삼

한국 전쟁통에
주머니 깊숙히 마음 찔러넣고
뒷골목 시궁창만 뒤적이던

한뼘 남짓한 시 몽땅 털어 산,
허전한 옆구리가 끼고 가는
루드비히 반 베토벤
볼프강 아마데우스 모짜르트
구스타프 말러
드뷔시의 달빛, 달빛

낡은 엘피판에서 풀려나온
방금 고추잠자리 앉았다 떠난
오이풀 수염 간지르는

가난의 햇살 간주곡 한 소절 같은

한 성깔

운문사 山門 안으로
한 발짝도 들여다놓지 못한
단풍나무가 한 사나흘 굶고는
제 속에 담겨진 욕설 다 퍼내어
울그락 붉으락 하늘에 다 대고
한 성깔, 한다

스무살 전에 詩 다 작파해버린 랭보처럼

무엽란

잎도 줄기도 없이
뜬금없이 불쑥 솟구쳤다
몸 거두어 가는

거두절미, 토굴 속 선사 같다

흐린 필름 자막 위로 찌지직
무채색 생이 지나갔던가

꽃대 끝에
당그마니 나앉은

偈頌처럼

2

붉은 자두나무

자두나무에 푸른 자두와 붉은 사과와 노란 돌배가 열린다면 당신은 경멸하겠는지요 씨 다른 열매들 찢어지게 매단 가난의 붉은 자두나무. 병든 몸에 깃들인 시의 벌레들 득시글거려도 오오래 가납해 주시겠는지요

붉은 자두 속에 깃들인
변검의 몸 빌어
너 어디서 왔니?

블랙홀인 너에게

허블망원경으로 들여다 본
無極 우주, 9천 광년이나 떨어진
전갈자리 부근 실금 간 늙은 별들
블랙홀 속으로 빨려 들어간다
바다모를 회오리눈이 삼켰다 내어놓은
수십억 개의 超新星

블랙홀의 정령인 너
200억 뇌세포와 60조 체세포
하나하나에 지끈지끈 숨결 불어넣는다
네 속으로 쉼없이 빨려 들어가
비로소 폭발하며 샘솟는
떠돌이별인 나

몸經인 너

너를 내 안에 구겨넣고
부시럭거린다 한 백년쯤 부시럭거리다
내어놓으니 내 몸이 유등 연지다

삼천대천 물 속에 다 잠그고
달그락거리는 연밥처럼
몇 생을 걸쳐서도 다 읽지 못할
몸經인 너

두 손 감싸쥐어도
노래가 빠져나간
붉디 붉은 울음의 流燈 켜 들고
너는 거기 오래 서 있다

너를 숨쉰다

*

왜,왜,왜,
나무가 시를 중얼거리나
아랫도리 흰 광목천 감고
어느새 제 등짝에
무수한 노래의 칼집
새겨 두었나
뜬눈으로 지샌
시의 혓바닥 날름
날름거리나

*

그리움이 마중 나가
너를 맞는다
내 생의 幕間에서
시로 너를 빚는다
머리에서 발끝까지
삘기향으로

*

언어의
자궁 깊숙히
코 들이밀고
너를 숨쉰다
흡, 흡, 흡
숨이 막혀서
오, 詩醉여

햇살에 들키지 않은
분홍빛 유두에 샘솟는
애릿한 初乳에 맺힌
오, 시여

*

너는
내 안에서만
꽃 피는

자유이며 요단강
갈릴리바다이며 평화
눈물의 지층에 반짝이는
흑요석이니
너는 내 안에서만
숨쉰다

*

부싯돌 꺼내어
마른 가슴 탁 치니
언어의 불꽃이 튄다

번개여 금강석이여 사리여 우레여 소낙비여 해일이여 지진이여 동백이여 처용이여 눈물이여 문둥이여 근친상간이여 자웅동체여 송구영신이여 죽음이여 무지개여 자유여

아, 초극의 사랑인 시여

*

한밤에 일어나 끙끙 시 앓는다
풍경 속 풍경 만드는 사랑도 있나니
불 켜면 연옥, 마음 끄면 지옥
캄캄 절벽 밀고 가는
가련함이라니

*

만월 아래
희디흰 자작나무 정수리에
푸르른 도끼날 박혀 있다

그 어떤 도끼로도
빼갤 수 없는
여의주 속의 여의주

절대언어인 너

*

목이 훤하게 파인
분홍 쉐터 속
희디흰 살결
릴리향 속으로 도망 간
젖가슴 위에 얹힌
까만 점 하나
굴뚝새 콧등에 찍힌
희디흰 점 하나
연지 찍고
제비꽃 입술 달싹이며
밤마다 온몸 열고
어디쯤 가고 있니

*

소금쟁이꽃
속에, 반쪽인 얼굴

한밤에 너는 없고

반쯤 접었다 펴는
소금쟁이 정강이에 끼인 때를
나는 보고 있다

, 가 . 를 버리고
. 가 ! 를 다 지워버린
生 속에

혼례의 나무

거기는
분홍 숨결이 데려 간
숨길 수 없는 노래가 가 닿은
구슬붕이 환한 꽃그늘이
데려 간 거기는

얼지 않은 겨울강과
시들지 않은 갈대가 몸 부비는
잎 지다만 은행나무숲에서
세상으로 난 길 하나를
둥그렇게 품고 있는

물소리 마을쪽으로 데려 와
마른 입술 가만가만 부비는
느닷없이 한 생 들춰업고 날아오르는
저 청둥오리떼처럼

겨울 저물 풍경 속으로

막 혼례를 끝낸 알몸의 나무들이
봄쪽으로 가고 있는

황금뿔소라고둥에게

황금뿔소라고둥은
바다로 가는 길 하나를
몸에 새겨두고 있다

등짝에 새겨진 螺旋 따라
바다의 층계를 내려가면
벽에는 보테로의 그림 하나
퉁퉁 부은 알몸의 여자가 비스듬히
수평선으로 걸려 있다

너는 바다의 압축파일
파일에서 풀려나온 파도소리가
한 生을 다독이고

깊디깊은 자궁이 품었다 내어놓은
언어새들 바다로 날아가다
눈 멀어 꼬꾸라진다
裸線 위로 만월 떠 있고

구름시

텅 빈 가을 하늘이
구름시 펼쳐놓는다

아무렇게나 행갈이해 놓아도
옳커니, 탁
무릎 쳐 친다

의붓아비 손에 이끌려가다
슬몃 풀려난 단발머리 계집애같은

오똑하니
뒤쳐져 종종걸음 치는
새털구름 한 구

봄밤의 별사

얼음 위에 댓닢자리 보아*
사향 각시 안아 눠여
藥든 가슴** 깍지 끼고
얼음장 아래 한 덩이 돌로
속절없이 속절없이
가라앉을지라도
뼈와 살 죄다
물고기밥 될지라도

왕버들 속닢 환한 봄밤에
맑디 맑은 살노래로
깨어날 수 있다면

---

*만전춘별사에서
**쌍화점에서

일식

너는 해가 되어 나를 가리고
너는 달이 되어 나를 가리고
너는 별이 되어 나를 가리고
너는 꽃이 되어 나를 가리고
너는 돌이 되어 나를 가리고

더 가릴 데 없을 때
불타는 금가락지 하나
중천에 내어놓거라

산사나무를 위하여

志鬼 닮은 산사나무 하나가 수천 수만의 촛불을 쥐고 저문 가을 속으로 천천히 걸어 들어가는 것을 본 적이 있으신지요

눈물의 花冠이신 당신

3

초록앵무새

칠레 산티아고 아이의
더부룩한 머리 위에
초록앵무새가 섬으로 가라앉는다
스멀대는 서케 쪼아대다가
태엽 감은 고독한 부리로
세상의 허기진 노래 굴리고 있다
눈망울 굵은 아이가
액자 밖의 나를 빤히 쳐다보는
그 곁, 출싹대는 어린 바다가
종일 수평선 들고
벌 서고 있는

감자꽃과 소녀

*

밀레오레 8층
잉카문명전에서
나무로 만든 한 소녀가
쪼그리고 앉아 오줌 누고 있다
쫙 갈라진 틈서리로
안데스산맥 집어삼킨
강물 왈칵 쏟아진다

**

쪼그려 앉은 소녀의
목을 감고 흘러가던 강물
어느새 몽고반점이 들었나
푸른 잎 위에 오똑하니
자주빛 멍울 얹어두었다
감자꽃이 피었다는 사실을
허공이 받아들였다
금세 내려놓는다

검은 이불 속으로
발 들여다놓은 감자는
탱탱 젖가슴 쉼없이
서쪽 하늘로 옮겨 다 놓고 있다

새를 부리다

갓바위 오르다가
너덜베낭 매고 연신 몸 굽혔다펴는
한 노인을 만났다 손에 든 비닐봉지에는
깨진 병 조각이 군시렁거리고

산길 뒤적이던 노인은
땅콩 몇 조각 손바닥에 올려놓고
호오이 새를 불렀다

어데서 날아온 곤줄박이 한 마리
어깨에 앉았다 다시
손바닥 위에 내려앉는다

까딱까딱 꽁지 두어 번 흔들고는
땅콩 한 조각 물고 포르르
날아갔다 인적 끊긴
키 작은 붉나무 속으로

갯벌 부처

갯벌은 무량수 중생
다 먹여 살리니

세 치 혀가 아닌
오체투지로 기어가는
갯지렁이야

온몸 내맡겨 흔들리는
퉁퉁마디야

一步一拜해야지

암, 그렇고 말고

정중하게 사양합니다

더러운 폭탄이 어디 있겠어요
하늘이 깨끗하다는 말은 유효하지만
인간이 만든 탐욕덩어리에
깨끗하다 더럽다 이런
형용사가 어울리기나 하겠어요

양귀비꽃보다 수수꽃다리
까마귀보다 비단결 꾀꼬리
어쩌구 저쩌구하는 말은 사절합니다
앙증맞다는 말만 무사 통과시킵니다

탐욕으로 쏘아댄 폭탄 때문에
운동장만한 연못이 생겨난다면
멧비둘기 해오라기 원앙새 소쩍새 오색딱따구리 팔색조
구슬댕댕이 물앵두 섬백리향 댕강나무 누리장나무
소금쟁이 미꾸리 각시붕어 금강모치 납줄갱이 황쏘가리

등 푸르른 강물도 덩달아
소문없이 죽어나가겠지요

나는 오늘
깨끗한 폭탄이란 말을
정중하게 사양합니다

물고기는 죽어서도 물고기다

1

살 한 점없이 다 발린
눈만 살아 끔벅이는
접시에 누워 바다를 꿈꾸는
저 형형한 물고기눈

아가미 치켜드니 꼬리지느러미가 푸드득 진저리 치며 하늘로 솟구쳐 오른다

2

뼈는 희고 단단하다 저문 밤 어둠에 돌출된 별이다
차디찬 시간의 화석이다

생의 한가운데를 뚫고 지나 간
저 형형한 눈

정처도 없이

헬리콥터가 모래 감탕 휘날리며
바그다드쪽으로 날아가고
다 삭은 트럭 뒷칸
세간 곁에 쪼그리고 앉은
까치머리 크루드족 난민 소년이
풀 한 포기 돋지 않는
사막을 보고 있다
그렁그렁 우물 담은 큰 눈
연신 동쪽으로 고개 갸우뚱거리며
정처도 없이 가고 있는

한없이 가벼워져서야

눈 녹다만 산 꼭대기에
버들강아지가 피었는지
눈 붉은 다람쥐가 경기에 들었는지
물푸레나무 두 팔이 온전한지
그렁저렁 걱정바가지 달고 살지요

산의 심장에 냅다 폭약 쑤셔 박고
콰광쾅 허리 두 동강 내고서야 어디
도롱뇽 눈물이 보이겠어요

붉은 살점 드러낸 절개지에 어디
어치가 몰래 숨겨둔 도토리가
두근거리며 싹 내밀겠어요

눈에 선 핏발 다 지우고
낮아지고 낮아져서야
작은 물길이 큰 물길 끌고 와
산 꼭대기 늪에 쏴아 들이붓겠지요

한없이 가볍고 가벼워진
물푸레잎 보다 더 쬐그마한 당신에게
풀잎에 맺힌 희맑은 이슬 노래
돌려 드릴 수 있겠지요

글쎄 그렇다니까

엠비시 티비
자연다큐멘타리를 보다가
글쎄 그렇다니까 쯧쯧

다람쥐가
도토리 밖에 먹을 줄 모르는
고 귀여운 다람쥐가 글쎄
밤알 움켜쥐고 얼굴 부비던
다람쥐가 뱀을 쫓아가
두 발로 글쎄 머리를 움켜쥐고
날름거리는 붉은 혓바닥
확 뽑아버리다니 글쎄

벙어리시인 행세하고 살아 갈
뱀이라니 쯧쯧쯧

죽음보다 그윽한

이슬 굴러내린 풀잎에
새로 돋는 아침해 희롱하는
사마귀 한 쌍

앞발로 허공 헤집던
숫놈이 어기적 어기적
암놈 등 올라 타고
부르르 몸 떤다

일순 암놈은
숫놈 머리통부터 바숴먹는다

헌 몸 버려 새 몸 얻는
죽음보다 그윽한
痴情

파라다이스새

김선생은 파푸아뉴기니를 빠빠뉴기니라고 발음한다 지렁이 우는 소리에 새벽잠이 깼다고 나무 아래 서자 파라다이스새가 어깨 위로 내려앉았다고 알사탕을 꺼내면 또다른 새가 호주머니 속으로 날아든다고 한다 팔뚝만한 뱀장어가 어슬렁거려도 아랫도리만 가린 남자와 물컹 젖가슴 다 드러낸 여자가 나무 열매만 따먹고 산다고 한다 생긴 대로 살다 꼴깍 숨 거두는 파푸아뉴기니 사람은 새와 이웃한 사이라고 한다

4

욕그릇

욕은 돌림병이다 화가 이규목이 초벌구이한 물잔 위에 〈씨팔놈들아 욕하지 말고 차나 한 잔하거라〉하고 코발트 블루 듬뿍 찍어 일획의 말씀 휘갈겨 놓는다 알몸의 여자 사타구니에 피다만 연분홍 복사꽃 글씨와 글씨 사이 간간이 구름이 떠간다 잘 구워진 백자잔에 욕의 氷裂 낭자하다 욕으로 도배한 물잔 하나 꾸역꾸역 세상 속으로 굴러다니며 돌림병 한창 옮기는 중이다

구름튀밥

쥐 쓸다 만 해바라기 아래
벼슬 벗겨진 장닭 곁에
한낮이 졸고 있다

며칠째 담배만 빨아대던 사내가
뻥튀기에 구름씨앗 넣고
펑펑펑 튀겨낸다

폭죽으로 흩어지는 구름튀밥

꼬부랑 할미가
어미 없는 아이 데려와
꾸역꾸역 목구녕에 밀어넣는다

아이가 먹다 흘린 눈물튀밥
맨드라미가 먼저 쪼아 먹으려고
꼬꼬댁거리고

나팔꽃과 아이

새벽별이 잠자러 간 사이
코 훌쩍이던 아이는
나팔꽃 줄기 타고 줄넘기한다
헛둘헛둘 뛰어오를 때마다
옆구리 터진 나팔꽃은
지상에서 먼 줄기 끝에
보랏빛 별을 매단다
아이의 허파꽈리에도
금세 슬픈 별 하나씩 돋는다
바닥모를 외로움으로
동그랗게 몸 웅크린 아이
어느새 잠이 들었나
뒤숭숭 까치집머리 쓸어넘기며
〈나팔꽃이 되고 싶었던 게로군〉
바람이 중얼거리며 지나간다

골목 끝

격자무늬 점자블록
발걸음 옮길 때마다 모서리가 들리는
틈서리 비집고 어디서 날아온
씨앗 하나 용케 터 잡고
앉은뱅이꽃 피워 두었나

S자로 길게 휜 골목 끝으로
맹인부부가 탁탁 어둠 두드리며 지나가고
공갈젖꼭지 빨며 유모차가 지나가고
자전거 끌고 집배원이 지나가고
고물장수가 오랜 풍문 싣고 지나가고
춘화누님 아픈 몸 끌고가다
앉은뱅이꽃에게 말 건넨다
—아들아 춥지 않니. 미안하구나.

햇살에 온몸 내어놓고 퍼질러앉은
앉은뱅이꽃 파란 입술 위로

노랑나비 한 마리
봄하늘 접었다 펴며 날아오고

줄장미의 기억

간밤 담벼락 휘감고 오르던 줄장미
금세 흰피 뚝뚝 떨구고 있다 희디흰 그늘 사이
검은 고양이 한 마리 대낮의 어둠 뒤적이며
재빨리 지나간다

아무도 보아주지 않는다고
흰장미 투덜거린다 초록 골목 끝
줄장미 휘감은 담벼락에 기댄 단발머리 기집애
짧은 입맞춤의 한 순간 기억해낸다

베어 먹다만 붉은 입술
가시가 할퀸다 살점이 묻어난 길을
중풍 든 아주머니가 천천히 끌고온다

첫사랑의 기억을 감춘 줄장미
마음의 모서리 살짝 들춰내며
흰불 지피고 있다

연옥보다 슬픈

일렬로 줄지어 가는 개미
꼬물꼬물 따라 가다보면
골목 안 파란대문집
아랫도리 다 삭은 철대문 아래
퍼렇게 입술 언 달개비꽃
한낮 속으로 퍼질러앉아 있다
깨진 시멘트 담장 너머로
고양이가 소문없이 지나가고
노랑물 들인 아낙이 사금파리 깨진 소리로
골목에다 대고 지청구 넣고 있다
중얼중얼 달개비꽃 뜯어먹는 노파는
단물이 다 빠져나간
연옥보다 슬픈 海蝕洞窟을
햇빛에게 보여준다

저 못대가리

옆구리가 숨겨둔 못대가리
움직일 때마다 습관적으로
쿡쿡 찌르는 못대가리
문간방 문틀 깊숙히 박혔다
수박 베어물고 퇘,퇘,퇘
문 밖으로 뱉아버린 못대가리
아무도 몰래 아버지가 숨겨둔
몽고반점 퍼런 그리움 묻어나는
요석공주같은 저 못대가리
허파꽈리에 박혀 한없이
한없이 떨고 있는 못대가리
시뻘건 녹물 삭아내린
뽑아낸 자국마다 흥건히 고인 피
핥아주는 혓바닥의 노래인
저 웬수인 못대가리

길 위의 생

간밤에
함박눈 다녀 가셨나
뒤엉킨 길 위 차들
雪雪雪 기다 서다
나뒹굴다 한다
어제까지 멀쩡하던 한 사내가
노숙자 틈서리에 쪼그리고 앉아
후후 김칫국 넘긴다
목구멍에 되감기는
흐린 진눈깨비, 진눈깨비
철 지난 사랑도
다시 뒤엉키나
실타래 풀린 차들
설설 기다 서다
다시 가나

도화, 도화

탑
밑에
돌 빼어
위에 올리고
밑에 돌
빼어 다시
위에 올리고
더 올릴 데 없을 때
황룡사 목탑 위에
桃花 누이 올려 놓아요

노랑머리 누이가
저문 달의 쪽방으로 이사 가요
전자수첩에 빼곡히 적힌 별의 이름
저 별에도 사랑이 꽃 필까요
등 떠밀린 절벽 아래 강물 위로
수천 꽃송이 뛰어 내리고 있어요

누이며 어머니인

누가 캄캄히 울고 있나

回川에 나갔다 주워온
휘돌이물살 온몸에 감긴
알돌 하나

수천 겹 시간의 옷고름 풀어내어도
늑골 아래 차마 숨길 수 없는
갈래머리 얼굴을 한

한밤에 일어나
나를 가만 들여다보는
망가진 눈이며 코, 도톰한 입술

저 혼자 캄캄히 저물어 우는
누이며 어머니인

모기가 불쌍하다

잠결에 왜앵앵 모기소리에 깼다 기약없는 잠 대신 연전에 읽다만 시집을 꺼내 다시 읽는다 연필로 흐릿하게 밑줄 친 〈「이너 무브」 6인무는 세 개의 선로 위에서 남자 여자가 만나고 제 살을 아낌없이 덜어주고 그러다가 여자는 남자를 버린다〉*는 구절 위로 새벽 세 시 기차가 지나간다 내 청춘 위로 언제 봄날이 지나갔던가 철길 옆 아파트 잘도 자는 아기도 없다 등 돌리고 누운 아내는 곤하게 잠들었다 피 흠씬 빨아먹고 장롱에 착 봉긋한 배 붙인 모기가 한 마리 두 마리 세 마리 탁, 때려잡는다 피묻은 손 들여다보니 밤새 식솔들 먹여 살리느라 왜앵앵 날아다닌 모기가 불쌍하다

---

* 김영태의 시집 『그늘 반근』에 실린 「비바람」에서

5

자라먹통

먼지 뽀얗게 뒤집어쓴 15도쯤 모가지 휘어진 청동 눈알 박은 자라먹통은 손때 묻은 가마 끌고 어디로 가고 있나 금강송 두리기둥 먹물 듬뿍 풀어 퉁, 금줄 튕겨 두었나

近親갔다 온 열여섯 새댁 고콜방 한 간

한 고요

耳艸집 뜰에
이마 깨진 돌확에
한 치 푸르른 물 속에
무량수 한 고요가
소문없이 들어와 있네
어디서 휑하니 날아온
소금쟁이 한 마리
어질러놓은 수면에
비뚜룸히 얼굴 내민
초승달 모서리에
옆구리 찔린 버들치가
화엄찰해의 시를 낳네
이내 낀 각북
그 너머
지천으로 피다만
개복사꽃 빈
자리에

쇠북 같은

한 오백년쯤 삭은
쇠북 같은

벼린 비수날로 푹, 그은
터진 옆구리 다시 꿰맨

맨주먹으로 퉁, 친

古梅 울림판
끝에,

깊고 그윽하게 불려나와 앉은

언어의, 붉은 언어의
수천 나비떼, 떼

버찌 일만등

*

사월 초파일 등 달러 유가사 간다

절 마당 가득
쉼없이 달롱거리는
연등 행렬

공양간 굽어보다
저 혼자 늙어버린 벚나무
푸른 잎 속에 공것으로 숨겨둔
버찌 一萬燈

에미 없는 아이가
햇살에 발그라니 잘 닦인
버찌 한 줌 입 안에 넣으니
누더기 몸도 금세 공평해진다

**

극빈의 사랑인 당신

유복하시다구요, 그만
슬프지 않으시겠다구요

莊嚴無悲올시다

게으름뱅이 독서

소나무 떡판 위에
좀벌레가 파먹다 만 글자들이
삐뚤빼뚤 길 내고 있다

우레와 햇살에 눈 찔리며
쉼없이 흘러가던 구름 따라 읽으며
폭설에 우지끈 팔 내어주고
관솔 깊이 숨겨둔 琥珀文字

백년도 넘게 읽다 덮어둔
덮어두었다 다시 꺼내 송곳으로 밑줄 친
여럿 달겨들어 번역해내어도
해독되지 않은

침침해진 눈으로
침 발라 오오래 책장 넘기는
게으름뱅이 책벌레 있다

가을 설법

백담 계곡 오르다
아름들이 잣나무 토굴에 깃들인
오색딱다구리 본다

낮은 자리에서 높은 마음까지
쉼없이 오르내리는 저 나무망치
제 몸 구석구석 두들겨도
꽃피지 못한 저 미물

석삼년째 문 안으로 걸어 잠그고
면벽하던 한 사내가 홀연
몸 부숴버린다

밥구멍 속 들락거리는
오색딱다구리야

저문 가을 따라 가지 말아라

노도에서

1

하늘수박아
까까머리 중복날
어디 가니
삐걱삐걱 櫓島* 가니
세상이 나를 버렸다고
가슴 뻥 뚫린 초옥 들락거리며
울다 뱉아놓은 파도의 말
푸나무 끝에 걸려 푸들거리는
하늘수박아
썩은 동아줄 감고 오르다
텅 빈 몸 노 저어
천리 밖
서울 가니

2

초옥도 말라버린 우물도 없다 손가락 한마디쯤 햇뿔 돋은 염소가 종종걸음 울면서 달아난 거기 익모초 쓰디쓴 그늘만 고여 있는 거기 파도소리에 몸 내어주는 박주가리넝쿨에 선종하지 못한 사내의 꿈이 달롱거리다 툭 터진다

---

* 경남 남해군 상주면 노도는 서포 김만중이 유배되었다 생을 마감한 작은 섬이다.

일지암 건너

몸이 마음을 끌고
무위사 건너 대흥사 다다르면
간밤 내린 눈발에 길게 휜 푸른 대숲이
되새 한 무리 텡, 하늘 되쏜다

초의도 다산도 건너지 못한
돌다리가 하나 저 혼자 낡아간다
신문지 고깔 뒤집어 쓴 겨울배추
희여멀건 엉덩이 툭, 까놓고
언 땅에 접붙어 너풀너풀
바라춤 추면

뎅경, 저문 물소리
댓피리 가녀린 숨구녕 속으로
한번 더 휘어지고

연꽃길

한 밤에
어두컴컴한 아스팔트 위에
연꽃길 글씨 따라 더듬더듬 가는
저문 마음 끝에 회산방죽 있다

달밤에, 지상의 잎들
모두 거두어
하늘로 올라 가버렸나

구름연잎 사이 빼금 달이 떠 있다

방죽 여기저기
달빛 무더기로 피니
어둠 더 환하다

산수유나무에 귀 걸어두면

지리산 산동으로
산수유꽃 보러 가면
필똥말똥한 노란꽃등
지상에 내어다 걸려고
산수유나무들은
한창 내부 수리중이다

수천 난장이 아이들
딸깍딸깍 망치 두들기다
노란 조막손 그러쥐고
봄 어딨니, 찾아봐라 찾아봐
종주먹질해댄다

한란

한로 지나자
제주한란은 기러기 두어 마리
서쪽 하늘에 날리고 있다
귀뚜라미 질긴 울음도
두어 뼘 짧아진다

누가 문 틈에
여태 통통 살이 찐
귀뚜라미 수염 남겨 두었나
죽음도 녹여내는 향기 아래
내 잠도 덩달아 짧아지겠다

천진무구

국립경주박물관 뜰 목없는 부처에게 목 얹어주고 안압지 출토관 붉은 비로도 위에 뎅그마니 놓여있는 새끼손톱만한 부처손 본다 저 조막손으로 세상의 슬픔 가리겠다는 천진무구 본다

너라는 매혹의 시

*

작가세계(2003년 겨울) 특집에 실린 이성복 시인의 사진을 보았다. 풀밭에 퍼질러앉아 두 손으로 귀를 틀어막고 눈을 꽉 감고 있는 사진이었다. 이 모습은 오랫동안 내 머릿속을 떠나지 않았다. 「시인은 세상에 귀를 빌려주지 않는다」는 시를 얻었다.

시인은 술단지인가. 더운 아랫목에 둘둘 이불을 감고 누룩이 발효되기를 기다리는, 하여 시인이란 내면 속으로 들어가 언어가 저절로 발효되기를 기다리는 술단지가 아닌가.

*

지난 4월 초순, 문학 행사 핑계로 제주도를 다녀왔다. 행사는 뒷전이었고 제주 풍경을 마음에 담아두고 싶어서 성큼 따라 나섰다. 추사 유배지인 대정리와 이중섭이 잠시 머물며 그림을 그렸던 서귀포 앞바다가 오랫동안 가슴에서 부시럭거렸기 때문이다.

남제주군 대정리는 추사가 1840년부터 9년동안이

나 유배되어 처절한 고독과 싸우며 자신의 예술과 학문을 완성했던 곳이 아니던가. 나는 한 때 비루먹은 소나무 곁에 구멍이 뻥 뚫린 초옥 한 채의 쓸쓸한 세한(歲寒) 풍경을 사랑했다. 그 삭막한 풍경 속으로 나를 밀어넣고 쓸쓸함에 물들었던 문청 시절이 떠오른다. 그러나 지금의 추사 적거지는 세한의 풍경과는 전혀 딴판이다.

이중섭이 일본으로 떠나간 두 아들과 일본인 아내 남덕을 그리워하며 손바닥만한 담배 은박지에 송곳으로 그림을 그렸던 서귀포 앞바다에는 유채꽃이 한창이다. 노란 물감을 풀어놓는 제주바다는 다시 나를 불러들일 지도 모른다.

〈수천길 바다 벼랑 위에 저물도록/초승달 떠 있다//내 生에 걸린 당신처럼〉

*

야생란 가운데 무엽란(無葉蘭)이 있다. 화분 속에 죽은 듯이 있다가 불쑥 꽃대만 솟아 올라 꽃을 피우고는 언제 그랬느냐는 듯 씨방만 달랑 남겨두고 사그라진다. 게송 한 구 남겨놓고 몸 거두어 가는 토굴 속 선사처럼 뜬금없다.

*

너라는 이름으로 시를 빚는다. 시는 깨달음이며 자각이다. 만해는 '님만 님이 아니라 기리는 것은 모두 님'이라고 하지 않았던가. 너는 자유이며 구속, 너로 하여 나는 비로소 시인이 된다.

너는 내 안에서만 꽃핀다. 아니, 나는 네 속에서만 꽃피는 자유이다. 절대고독인 너, 죽음마저 초극한 절대언어인 너, 지층 깊숙이 새겨둔 화석의 언어를 꺼내어 너를 빚는다. 쉼표도 마침표도 다 지운 생 속에.

*

도자기는 이 땅의 흙과 물과 불과 바람이 만들어낸 종합예술이다. 분명 흙으로 빚었으되 전혀 다른 물성(物性)이 된다. 초벌구이한 그릇 위에 시인 몇이 시를 쓰고, 화가 몇이 그림을 그리며 논다. 논다는 말은 참이기도 하고 거짓이기도 하다.

초벌구이한 물잔 위에 화가 이규목은 욕을 쓰고 그 위에 코발트 안료로 그림까지 그려넣는다. 나는 완성된 백자 물잔을 욕그릇이라 명명했다. 욕그릇은 의당 김선굉 시인에게 진상(進上)된다. 김시인은 내가 알고 있는 사람 가운데 가장 욕을 폼나게 잘한다. 좆나게, 이 말은 그의 일상에 자연스럽게 녹아 있는, 늘상 입에

달고다니는 상용어이다. 결코 상스럽다거나 외설스럽지 않다. 욕이 욕 같이 들리지 않으려면 고도의 테크닉이 필요하다. 김시인은 그런 면에서 욕의 단계를 뛰어넘어 자유자재로 구사한다.

욕이란 어떤 것인가. 난마처럼 뒤엉킨 세상사가 잘 풀려지지 않을 때 자신도 모르게 몸에서 툭, 삐져나오는 배설의 욕구 같은 게 아닐까? 동물원에 소풍 간 아이들이 입이 찢어져라 하품하는 하마를 보고 자신도 모르게 하품을 따라하듯 욕 또한 전염성이 강하다.

*

정치는 현실이다. 그 이상도 그 이하도 아니다. 정치적 논리 때문에 무량수 중생이 살아있는 갯벌이 하루아침에 사라진다면 얼마나 황당한가. 속도와 숫자놀음 때문에 멀쩡한 산의 허리가 두 동강이 난다면 이 또한 얼마나 통탄스런 일인가.

새만금 갯벌과 천성산 꼭대기 늪을 지키려고 스님들은 목숨을 내걸고 삼보일배와 백일 단식으로 버텼다. 이 무욕의 탁발 행위는 생명을 살려내려는 몸부림이다. 모든 생명의 무게는 같다. 지율 스님의 말씀처럼 한없이 낮아지고 낮아져서야 도롱뇽의 눈물이 보이지 않겠는가.

*

나는 퍼포먼스에 빠져 있다. 21세기의 화두인 몸, 행위예술이란 바로 몸을 보여주는 예술이다. 지리멸렬한 일상으로부터의 일탈, 퍼포먼스는 일탈에의 욕망 때문에 그 어느 예술 장르보다 격렬하다.

대만에서 온 회갑이 다 된 한 행위예술가는 밀대 하나만 달랑 들고 등장한다. 장댓비 속에서도 공연장 보도블록을 밀기 시작한다. 「끝나지 않은 작품」이란 제목을 달고……. 다른 행위예술가가 노천 무대에서 열심히 공연을 하고 있지만 그는 개의치 않고 혼자서 보도블록 위를 한 시간 넘게 밀대로 그렇게 밀고 다녔다.

나는 순간 '아, 예술가의 모습이란 바로 저런 것이구나' 하고 법열을 느꼈다. 그렇다. 예술이란 저 무상의 행위에 다름아닐터.

*

시를 쓰는 일은 남이 알아주든 말든 그리 중요하지 않다. 시는 세상으로부터, 삶으로부터, 상업주의에 물든 상으로부터, 얄팍한 지적 호기심으로부터, 알량한 명예로부터 자유로울 수 있어야 한다.

그렇다면 왜 시를 쓰는가? 나는 이 물음에 대한 답으로 장댓비를 뚫고 온몸으로 밀대를 밀고 다니던 행위예술가를 떠올린다. 그 무상의, 일탈의 행위, 김수영식으로 말하면 온몸으로 시를 밀고 나가는 행위, 그것에 다름아닐 것이다.

나는 오늘도 시란 무엇일까를 되물으며 묵묵히 살아가고 있다.

*

시베리아 순록은 머리에 인 거대한 뿔을 자작나무에 걸어두고 잔다고 한다. 뿔은 자존의 상징이다. 순록의 뿔 위에 시를 걸어두라. 시인이여!

눈물의 화관(花冠)인 시의 뿔을 너의 가슴에 걸어둔다. 그리하여 나는 이제 다시 새로운 언어를 만나러 먼 길을 떠난다.

만인시인선 17

너를 숨쉰다

초판 1쇄 2005년 5월 15일
초판 2쇄 2015년 4월 25일

지은이 / 박 진 형
펴낸이 / 박 진 환

펴낸 곳 / 만인사
출판등록 / 1996년 4월 20일 제03-01-306호
주소 / 700-813 대구광역시 중구 명륜로 116
전화 / (053)422-0550
팩스 / (053)426-9543
전자우편 / maninsa@hanmail.net
홈페이지 / www.maninsa.co.kr

ISBN 89-88915-55-0 03810

값 8,000원